Nta' Nùfī

Nùfī Attic

Ntă' Nùfī
Nùfī Attic
Le Grenier du Nùfī

Shck Tchamna
www.resulam.com

Si vous aussi souhaitez être reconnu comme sponsor Resulam,
Écrivez-nous à contact@resulam.com

Pantúántōo
Sponsors

Māvǒ
Anti Marie
Kameni Mienje

Mbā'
Nzeutem
Francis

Nkǒ'mfà'. Table of contents. Table des matières.

Zhī'sī ghəə zǒ, mbā yǒ wenok.
O sǐ' nzhī ghəə zǒ bā, ma pó mfén ō pu'
Shck Cǎmna'

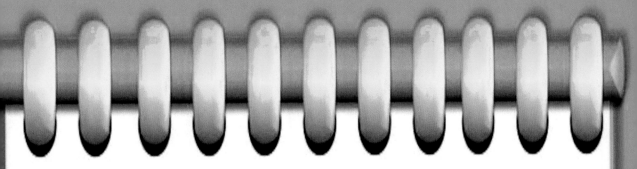

About Resulam

Resulam is a 501(c)(3) non-profit corporation which operate exclusively for educational and cultural purposes. It aims to revive and promote ancestral languages and minority languages around the world, through the use of new information technologies. check our YouTube Channel to benefit from out Videos, and Google Play Store for our Android Aps, the Amazon for our multiple books in many African Languages. Please kindly support us by your donation via our website: www.resulam.com. You can also contact us by **email: contact@resulam.com.**

Resulam, résurrection des langues maternelles ancestrale, est une association à but non lucratif, apolitique et laïc. L'association a pour objectif de faire revivre et promouvoir les langues ancestrales, surtout les plus marginalisées et sous représentées dans le monde, et ce, par le truchement des nouvelles technologies. Merci de soutenir nos projets par vos modeste dons via notre site web: www.resulam.com. Vous pouvez aussi nous joindre par **email: contact@resulam.com.**

In memory of

Je dédie ce livre à ma très chère feu mère, Mâfə̀ Cécilia Wókthà, Ngòònzhừà' Píífēn, décédée le 15 juillet 2022 alors que je m'apprêtais à la faire découvrir les merveilles qu'elle a semées dans ce monde à travers moi. Ce sont les valeurs qu'elle m'a enseignées qui m'ont permis de m'offrir sans effort à l'humanité, d'offrir ma vie pour les autres, afin que chaque être humain puisse retrouver sa dignité humaine à travers sa culture ancestrale. Merci de la célébrer chaque fois que vous aurez l'occasion.

★ ★ ★

I dedicate this book to my late mother who passed away on July 15, 2022

Preface

Zhī'sī ghəə zǒ, mbā yǒ wenok! Welcome to the exciting world of African languages! Languages are not just a means of communication; they are a fundamental part of human culture and identity.

This book is a testament to the power of language to connect people, preserve culture, and inspire change. It is an invitation to explore the rich linguistic and cultural diversity of Africa, through the eyes of children. As a language enthusiast, I believe that every child should have the opportunity to discover the beauty and richness hidden in his own culture at a young age before being exposed to any other culture. This will help them have a base culture against which they can compare anything else.

The book is designed for children of all ages, to introduce them to the vibrant world of African languages in a fun and engaging way. Through colorful illustrations and playful text, we will explore in detail, not only the spelling and the grammar of the language, but also the culture of the people, and unique features of the languages.

But this book is not just about learning new words and sounds. It is also about celebrating the diversity of African cultures and identities, and promoting cross-cultural understanding and respect. By learning about African languages, children will develop a greater appreciation and understanding of the richness and complexity of our world.

Preface

The book will also make children smarter because they will be exposed to one of the most interesting, yet rarely explored features of African tonal languages: the tones. Mastering the tones will make kids be more attentive to details in real life. When they notice that just changing the pitch of your voice completely changes the meaning of the word, they will be more attentive to the word that surrounds them.

This book is also a call to action. It is a call for parents, teachers, and communities to support the learning and preservation of African languages, and to promote multilingualism and cultural diversity. By supporting the learning of African languages, we can help to preserve and promote the linguistic and cultural heritage of Africa and create a more inclusive and tolerant society.

I hope that this book will inspire children to discover the beauty and richness of African languages, and to become ambassadors of linguistic and cultural diversity.

Thank you for joining me on this journey.

Shck Cămnà' (Tchamna)

Mbə̄ə̄ lá !

Hello, hi!
Salut !

Ă mànká'sí pō ī

Yǐnshì

Ghèēlā' yǒh mbā fừ' sì mìè

Ntǘángwè' mǒh mbā yòh pō ntèn

Pàh lósíé ná nǔ ghèēlā'

Pàh tōm ndǘá ná ntǘángwè' mǒh

Mbhí nkwè'nì mbhí nshùnshừ' (x2)

<u>Mvhừ nshì</u> : Mbā' Zə́djāp Mathieu, Yǐ Ntèēnshūā

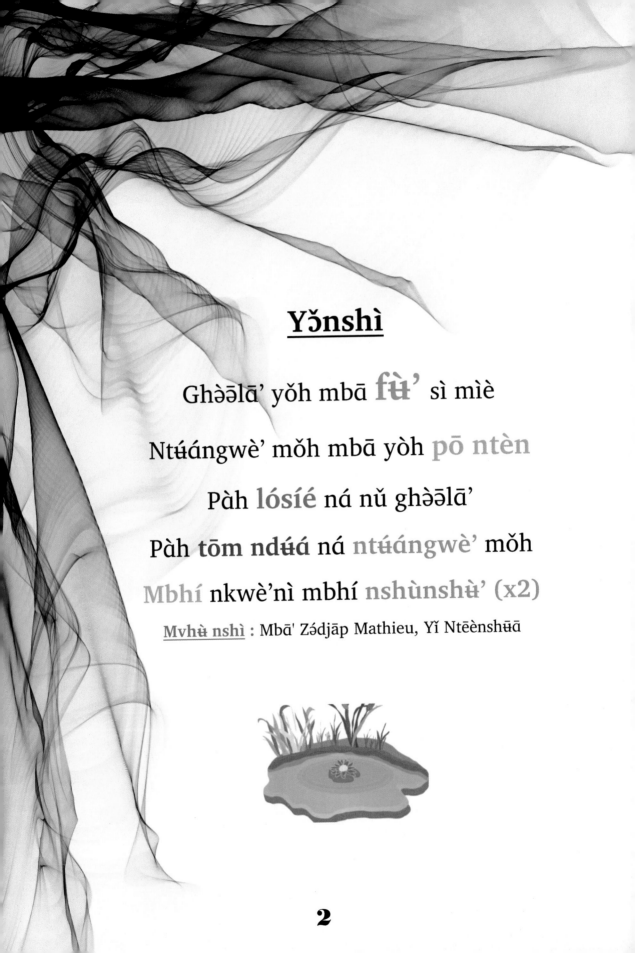

2

ē

ǎ

ɛ̂ ô

ɨ̄ ὰ

ə̀ í

ŋ̀ ὸ

ʊ̌ â

www.resulam.com

à á ǎ ʉ́ c ǐ ǒ ɔ̌

ə̄ ŭ

í ū ɔ̄

Náhŋwà'nì

Alphabet

ɛ̀ ɔ̂ ŋ ʉ̄

ǔ ě

ì ě

ə̄ ā ě

3

Consonnes de l'alphabet camerounais
Náhŋwà'nǐ vàm

20 consonnes

b   c   d   f   g   h   j   k   l   m

n   ŋ   p   r   s   t   v   w   y   z

3 combinaisons

gh   sh   zh

Voyelles de l'alphabet camerounais
Náhŋwà'nǐ nzhǐntē'

à	à	è	ə̀	ɛ̀	ì	ɨ̀	ò	ɔ̀	ù	ʉ̀
á	á	é	ə́	ɛ́	í	ɨ́	ó	ɔ́	ú	ʉ́
ā	ā	ē	ə̄	ɛ̄	ī	ɨ̄	ō	ɔ̄	ū	ʉ̄
ă	ă	ě	ə̌	ɛ̌	ǐ	ɨ̌	ǒ	ɔ̌	ǔ	ʉ̌
â	â	ê	ə̂	ɛ̂	î	ɨ̂	ô	ɔ̂	û	ʉ̂

Ò sǐ' nzhī ghə̀ə̀ zǒ [zɔ̌] bā, mà pó mfén [mfɛ́n] ō pʉ̀'

Code Clafrica pour l'écriture des langues camerounaises

Code Clafrica

		a a	af ɑ	e e	eu ə	ai ɛ	i i	o o	o* ɔ	u u	u-; uu ʉ
1	Ton bas (`)	à	ɑ̀	è	ə̀	ɛ̀	ì	ò	ɔ̀	ù	ʉ̀
2	Ton haut (´)	á	ɑ́	é	ə́	ɛ́	í	ó	ɔ́	ú	ʉ́
3	Ton moyen (-)	ā	ɑ̄	ē	ə̄	ɛ̄	ī	ō	ɔ̄	ū	ʉ̄
7	Ton montant (ˇ)	ǎ	ɑ̌	ě	ə̌	ɛ̌	ǐ	ǒ	ɔ̌	ǔ	ʉ̌
5	Ton descendant (ˆ)	â	ɑ̂	ê	ə̂	ɛ̂	î	ô	ɔ̂	û	ʉ̂

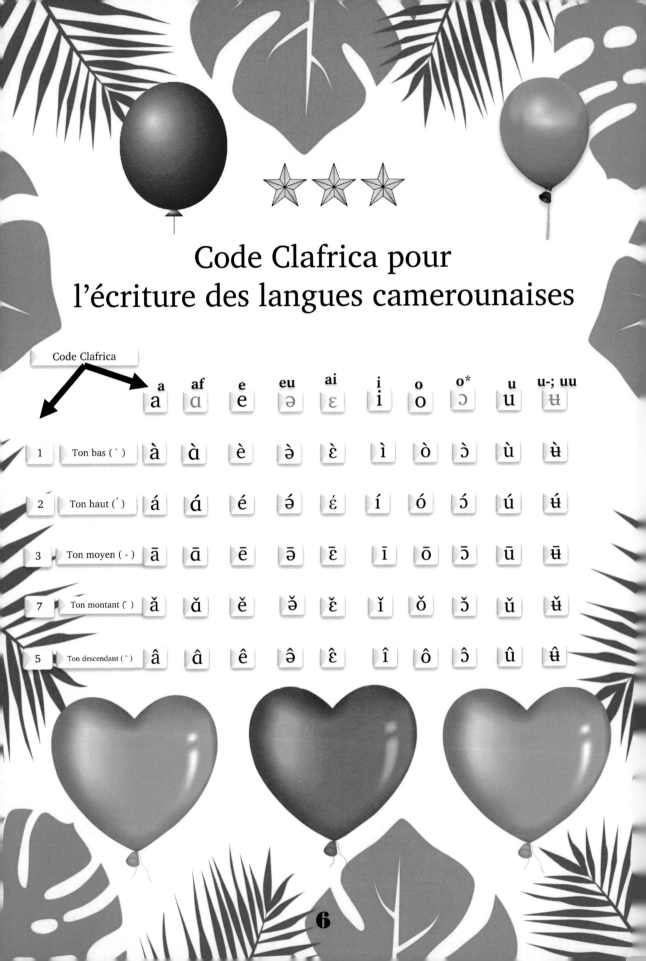

Coup de glotte
ŋû'sì/Kásɨ̄'

à'	ɑ̀'	è'	ə̀'	ɛ̀'	ì'	ɨ̀'	ò'	ɔ̀'	ù'	ʉ̀'
á'	ɑ́'	é'	ə́'	ɛ́'	í'	ɨ́'	ó'	ɔ́'	ú'	ʉ́'
ā'	ɑ̄'	ē'	ə̄'	ɛ̄'	ī'	ɨ̄'	ō'	ɔ̄'	ū'	ʉ̄'
ǎ'	ɑ̌'	ě'	ə̌'	ɛ̌'	ǐ'	ɨ̌'	ǒ'	ɔ̌'	ǔ'	ʉ̌'
â'	ɑ̂'	ê'	ə̂'	ɛ̂'	î'	ɨ̂'	ô'	ɔ̂'	û'	ʉ̂'

Mǎ' pʉ́ɑ́' lǎ' lɑ̄' lá ntám ká' ngà'kà' ká kà' lá !

Mbə̄ə̄ lá !
Yáá mà lāhā ?
Zēn zǒ má wā ?

Hello, how are you, what is your name ?
Salut, comment ça va? Quel est ton nom ?

Sūū

Sā'sūā

Mbà mὲ ngǎ cà'sì ō lá !
I greet you as well!
Je te salue aussi !
2

Yáá mànnák, ngǎ pén ō.
I am fine, thank you.
Ça va bien, merci.
4

Ngǎ cà'sì ō lá 1
Hello! Salut !
Yáá mà lāhā ? 3
How are you?
Comment ça va ?

Ŋwā'

Kə̄ə̄
5

Zēn zǒ má wā ?
What is your name?
Comment tu t'appelles ?

Zēn zǎ má ŋwā'.
My name is bee.
Je m'appelle abeille.

Ŋwá' mànnē' nsə̀ə̀.
The bee is sucking the flower.
L'abeille suce la fleur.
7

Zhī'sī ghə̄ə̄ zǒ
Mba yǒ wenok
Shck Cǎmnà'
6

9

Mbə̄ə̄ lá !
Zēn zǎ má Mā̀àngwè'.
Hello, my name is Mangwe.
Salut, je m'appelle Mangoue.

Zēn zǒ má Lǒnàm.
Your name is Lonam.
Tu t'appelles Lonam.

Zēn zǐ má Zhìāndə̀ə̀.
His name is Djiadeu.
Il s'appelle Djiadeu.

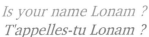

Zēn zǒ má Lǒnǎm ?

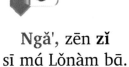

Is your name Lonam ?
T'appelles-tu Lonam ?

Zēn zǐ má Lǒnǎm ?

Is his name Lonam ?
S'appelle-t-il Lonam ?

Ngǎ', zēn zǐ sī má Lǒnàm bā.

No, *his name is not Lonam.*

Non, *Il ne s'appelle pas Lonam.*

Zēn zǐ má Zhìāndə̀ə̀.

His name is Djiadeu.
Il s'appelle Djiadeu.

Ŋh! Zēn zǎ má Lǒnàm.
Yes! *My name is Lonam.*
Oui! *Je m'appelles Lonam.*

Mbə̄ə̄ lá mēmmā ò! → Mbə̄ə̄ mēmmā!

Hello my brother/sister ! → Hi, brother/sister !

Salut mon frère/ma sœur !→ Salut frère/sœur !

Yáá mà lāhā ? → Yáá mànnák zǐ. Ngǎ pén ō.

How are you ? → I am fine, thank you.

Comment ça va ? → Ça va bien, merci.

Zēn zǒ má wā ? → Zēn zǎ má Shwīnāò.

What is your name ? → My name is Shwinao.

Quel est ton nom ? → Je m'appelle Shwinao.

Yáá mà lāhā ?

How are you ?

Comment ça va ?

Zēn zǒ má wā ?

What is your name ?

Quel est ton nom ?

Zēn zǎ má

Să'pūh

Fà' zě'è

Ndīē wāhà nzā.

Lə̄' zě'è

Ndīē wāhà nzhúá !

13

Aá lɛkɔ̄?

How are you ?

Comment ça va ?

Lezeŋ cú lɛ awɔ́?

What is your name ?

Quel est ton nom ?

Lezeŋ tsá lɛ

Saŋ lephū

Fà' zě'è

Ndīē wāhà nzā.

Lɔ̄' zě'è

Ndīē wāhà nzhʉ́á !

14

Yǒnshì

Yǒnshì:
Pó ndēn má ǒ nzhī nù tà'

Njīī zừ', Mfá' kà', Nsā' pừ, Ghŭ nkāā,
Ghŭ ngừ', Ntúá zǒ, Mfīāt zǒ, Ngừ nù,
Ncāk ncà', Ncāk ngðð

Pó ndēn má ǒ **nzhīnù** tà'

Pó ndēn má ǒ **nzhīnù** tà'

Nzhīnù tà'

Tá pá ǒ là yīī nkòò nò

Mbà ká lá mbā nkòó nò

Pō yīī tā nsōk ō

Pá ǒ là yīī zǒ nkòò nò ò ò ò …

Ó ò ō ō ō …

Pá ǒ là yīī zǒ nkòò nò

Ngă   Ŏ   Ă

Cōptúzén ngừwū

Subject pronoun

Pronom personnel sujet

Păh   Pĕn   Pó

17

Ngà; Ngǎ
I
Je

Ò; Ǒ
You
Tu

À; Ǎ
He/She
Il/elle

Pàh; Pǎh
We
Nous

Pèn; Pěn
You
Vous

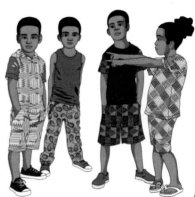

Pō; Pó
They
Ils/elles

Mbā: bā, má, mā, mà
To be
Être

Ngǎ má mōō mɨ̀nzhwīē.
I am a girl.
Je suis une fille.

Ǒ má mōōmbâ'.
You are a boy.
Tu es un garçon.

Ǎ má tà' sòm.
He is a boy.
Il est un garçon.

Mbā: bā, má, mā, mà
To be
Être

  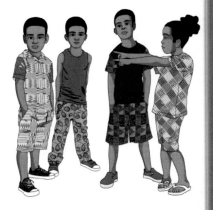

Păh má pûnkhūā.
We are children.
Nous sommes des enfants.

Pĕn má pōōmbâ'.
You are boys.
Vous êtes des garçons.

Pó má póósòm.
They are boys.
Ils sont des garçons.

Ǒ màngʉ́ ká ?
Ká tá ǒ màngʉ́ ʉ̄ ?

What are you doing ?
Que fais-tu ?

Ngǎ mànzhī'sī wū.
I am learning.
J'apprends mes leçons.

Ǒ mànnāhnshì.
You are swimming.
Tu nages.

Ǎ màntām mbǒ'nkhù.
He is playing soccer.
Il joue au foot.

Mfǎ' **nzī** fʉ̀'.
Sí' mbā **zě'é** bā,
lā **wāhà** !

Pĕn màngú ká ?
Ká tá pĕn màngú ū̄ ?
What are you all doing ?
Que faites-vous ?

Păh mà̀nkāāsī.
We are walking around.
Nous sommes
en train de nous balader.

Pĕn mà̀nsāhnù.
You are chatting.
Vous êtes en train de
papoter.

Pó mà̀ndáhnìnì.
They are taking picture.
Ils se filment.

Ngă
mà̀mmwēn.

Ŏ
mà̀mmwēn
Nŭká ?

Ă màndáhnìnì.
He is taking a picture.
Il est en train de filmer.

- Wen lăh loh ntām ō …
- O pīī ndáh ntām ī í ?
- Ngǎ', o pīī ndáh nkwāt pe'e lō

24

Mfà'

Homework
Devoir

Mbə̄ə̄ ___ !
Zēn ___ má lómtōm.

___ !
Je m'appelle oignon

Mbə̄ə̄ ___ !
Zēn ___ má njò'tōm
___ !
Je m'appelle
pomme de terre

Mbə̄ə̄ ___ !
Zēn ___ má ngùàtōm
___ !
Je m'appelle carotte

Mbə̄ə̄ ___ !
Yáá ___ lāhā ?
___ cà'sì ō lá !
Zēn ___ má nzhừnzhừà.

Yǒnshì

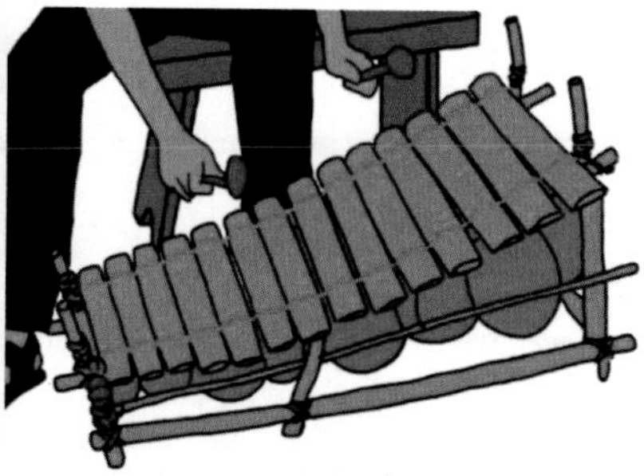

Yǒnshì

Yēē mêngāp ē ē !

Yēē mêngāp ē ē !

Yēē mêngāp wèn kà' pé' má

ó ghòò mī ndáh ndá' yò nù

Ò ghòó mêngāp wènshù

ndáh ntēh yò ndòò,

mà ǎ ndā' nsī ngù' nkhù̀,

ndòò mbǎ pātnjàm njīī nō.

Nzá lēē è ?

Good morning

Bonjour

Nzá lēē è māvǒ ?
Good morning mom.
Bonjour maman.

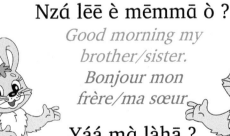

Nzá lēē è mbā' ō ?
Good morning dad.
Bonjour papa.

Nzá lēē è mēmmā ò ?
Good morning my
brother/sister.
Bonjour mon
frère/ma sœur.

Yáá lēē zǐ mēn à.
Good morning my
daughter.
Bonjour ma fille.

Yáá mà làhā ?
How are you ?
Comment ça va ?

Yáá mànnák.
I am fine.
Je vais bien.

29

Ngǎ ghǔ tə́ə́fōh.

I have a balloon.

J'ai un ballon.

Mbá wěn là váh cǒ nzhwīē ì, fà'á lá, Síé mbhì, nzhwīè wèn bā njàm pí mā ā.

Shck Cǎmnà'

Ngú; ghừ

To have

Avoir

Ngǎ ghừ
I have
J'ai

Ǒ ghừ
You have
Tu as

Ǎ ghừ
He has
Il a

Ngʉ́; ghʉ̀
To have
Avoir

Pǎh ghʉ̀
We have
Nous avons

Pěn ghʉ̀
You have
Vous avez

Pó ghʉ̀
They have
Ils ont

Pěn ghǔ
mvʉ̄ā á ?

Ŋh! Pǎh
ghǔ mvʉ̄ā.

Ngǎ', ǹ kà' ghʉ́ mĩìsì bā.   Ngǎ', mbā' ō kà' ghʉ́ ndʉ̄'.   Ngǎ', māvǒ kà' ghʉ́ nkāā bā.

32

Ǒ ghǔ wúsʉ̀à á ?   Mbā' é ghǔ pè' é ?   Mā é ghǔ nsēn ɛ́ ?

Ngʉ́; ghʉ̀
To have
Avoir

Nkhǔnkèn

Pú'ŋwà'nì

Ngǎ ghǔ nkhǔnkěnmbō.
I have a cellphone.
J'ai un téléphone portable.

Ǒ ghǔ pú'ŋwà'nì.
You have a book.
Tu as un livre.

Ǎ ghǔ pʉ̀à.
He has a bag.
Il a un sac.

Pʉ̀à

Ǒ ghǔ tà' ncà' á ?

Ǹ kà' ghʉ́ mīìsì bā.

Ngǎ', ǹ kà' ghʉ́ wúsʉ̀à bā.   Ngǎ', mbā' ō kà' ghʉ́ pè'.   Ngǎ', māvǒ kà' ghʉ́ nsēn bā.

33

Ngú; ghù
To have
Avoir

Pǎh ghǔ nkāā.
We have money.
Nous avons de l'argent.

Pěn ghǔ mvūā.
You have a dog.
Vous avez un chien.

Pó ghǔ ngòòndōm.
Ils ont un chat.
They have a cat.

Ngǎ', à kà' ghú zútɨà' bā.   Ŋh, mbā' ó ghǔ mbè' nthū.   Ŋh bâ, māvǒ ghǔ càk.

34

Mfà'
Homework
Exercice

Ă ___ nkwě'ŋwà'nì.
Elle a un stylo.
She has a pen.

___ ghǔ nkùànkà'.
J'ai une règle.
I have a ruler.

___ ghǔ mēnsāhndó'.
 Nous avons
 une tablette.
We have a tablet.

___ ghǔ sāhndó'.
Tu as un ordinateur.
You have a computer.

Pó ghǔ ndū'.
___ une voiture.
___ a car.

Pěn ghǔ nkhǔnkèn.
___ un téléphone.
___ a phone.

Ò sǐ' mānzhī làh nzū'nừà bā... ò ywēn mbà ndǎ' sō.

Yǒnshì

Yɔ̌nshì :

Ntìè' yì nzhìèkúʼ kō ō lá

[Ntìè' yì nzhìèkúʼ kō ō lá
Ò khūāndūā ngén mbèé pèn
Ntōk ngǎ' njò' ndáh nsà'
ntóó mfāt tā nzhī'sī wū] (x2)
Mâwá lǐ' shèà njāā ká mbú à ?
À kà' yāā wū
Māvě lí' shèà njāā ká mbú ò ?
À kà' yāā wū (x2)
Yéé nzhìé zhí ā lā ē ē !!! (x2)
Yéé ngǎ ìnkūā !!!
Yéé nzhìé zhí ā lā ē ē !!! (x2)
Yéé ngǎ ìnkūā !!!

Ǎ mànkhɨ́á ŋwà'nì

Māvǒ màndə̄ə̄ wúzā

Ǒ nsī mà hā ?

Where do you live ?

Où habites-tu ?

Nsī
Live
Habiter

Ngǎ nsī mà Fā'.
I live in Bafang.
J'habite à Bafang.

Ǒ nsī mà Flǎŋsì.
You live in France.
Tu habites en France.

Ǎ nsī mà Kàmèrûn.
He lives in Cameroon.
Il habite au Cameroun.

Nsī
Live
Habiter

Pěn nsī mà hā ?
Where do you live?
Où vivez-vous ?

Păh nsī mà Nèè.
We live in Bana.
Nous habitons à Bana.

Pó nsī mà Póónēn.
They live in Babone.
Ils vivent à Babone.

Yǒnshì

Yɔ̌nshì

Dīē lá! Dīē lá mēn à
Póófǔ díé lā' wǎ' !
Tà ndǎ' wò mēn à béè !
Nzhìè béé ká nkō ā lè
Yáá nkō mbà wò ká lá mōō.

Dīē lá! Dīē lá ngòònzhùà'
Póófǔ díé lā' wǎ' !
Tà ndǎ' wò mēmmā ò béè !
Nzhìè béé ká nkō ā lè
Yáá nkō mbà wò ká lá mā.

Móó màndīē

Māvǒ mànkōmsī mōō
Māvǒ màndhí mōō

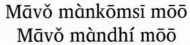

Māvǒ mànkōmsī mōō
Māvǒ màndhí mōō

Yɔ̌nshì

Dīē lá! Dīē lá mēn à

Póófǚ díé lā' wǎ' !

Tà ndǎ' wò mēn à béè !

Nzhìè béé ká nkō ā lè

Yáá nkō mbà wò ká lá mōō.

Dors ! Dors mon enfant

Les princes dorment

déjà tous au village !

Sauf toi, mon enfant!

Cette famine qui m'assailli

Est-ce que cela t'assaillit aussi,

enfant ?

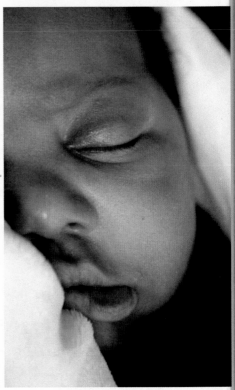

Móó màndīē

43

Ǒ má yǐ hā ?

Where are you from ?

D'où es-tu ?

Ǒ má yǐ hā ?
Where are you from ?
D'où es-tu ?

Ngǎ má ngòò ā Póóncēē.
I am from Baboutcheu [for women].
Je suis originaire de Baboutcheu.
[pour les femmes]

Ǒ má mīā Nkwě'nzhì.
You are from Bakondji [for men].
Tu es originaire de Bakondji.
[pour les hommes]

Ǎ má mīā Nkà'.
He is from Banka.
Il est originaire de Banka.

Pěn má pǎ hā ?

Where are you from?

D'où êtes-vous ?

Pǎh má pǎTúnkə̀ə̀.

We are from Haut-Nkam.

Nous sommes du Haut-nkam.

Pó má pǎMfí'kè'.

They are Bamileké.

Ils sont des Bamileké.

Náhsáhwū (0-10)
Numbers (0-10)
Les chiffres (0-10)

Náhsáhwū
Numbers
Les chiffres

Nèhē	Nshù'	Púá	Tāā	Kwà

Ghǎm

Tî	Ntòhō	Sɛ̀ɛ̀mbúá	Hɛ̀ɛ̄	Vù'ū

48

Yǒnshì

Yɔnshì

[Pèn síé nkěn mbí ngòóngòò,

Nsíé nkěn mbí sŏmnsòm,

Póá Túnkɜ̀ɜ̀,

Má pō sá' páh á pō

Ŋā' Nùfī nhā pūh] (x2)

[Túfhù bā ká zhī yāā,

Kìkén bā ká zhī pǔ ká mbēn zēn,

Yì pó ḿbēn zén póá Túnkɜ̀ɜ̀

ndáh nkhᵾ́á ngén kò nsī lá] (x2)

Yé é é nkhᵾ̀à-mà-kò ē ē

Nkhᵾ̀à-mà-kò

làpìé yǐ nǔ lā' yāā ā ā.

Nkhᵾ̀à-mà-kò

làpìé yǐ ntám lā' yāā.

Mêngòó

mànsāhnù

pí mbā' ā

Mênsŏm

mànsāhnù

pí mā ā

Tĕndᵾ̄ᾱ

Family
La famille

Mā
Mother, la mère

Mbā'
Father, le père

Māvǒ
My mother, ma mère

Mēmmā
Brother or sister
Le frère ou la sœur

Mbā' ō
My father, mon père

Mēmmā ò
My brother, my sister
Mon frère ou ma sœur

Mbā'ndāmà
Grandfather
Le grand-père

Māndāmà
Grandmother
La grand-mère

Mbā' ō ndāmà
My grandfather
Mon grand-père

Māvǒ ndāmà
My grandmother
Ma grand-mère

Mbā' ō, ngǎ mànkwé' mīìsì.

Māvǒ, ngǎ mànkwé' làh nnē' pēn.

Tĕndꞟā à
My family
Ma famille

Ngà'mbhì/Nshʉ̀àmbhì (yì mbâ')
Older brother
Grand-frère

Mōō
The baby
L'enfant

Ngà'njàm/sī'njàm
(yì mʉ̀nzhwīē)
Younger sister
Petite-sœur

Lə́ə́mānì   Nkə̀ə̄mānì

Ngà'mbhǐ à/
Nshʉ̀àmbhǐ à (yì mbâ')
My elder brother
Mon grand-frère

Ngà'njǎm à/sî'njǎm à
(yì mʉ̀nzhwīē)
My younger sister
Ma petite-sœur

Póónì
Twins
Les jumeaux

Ndū
Husband
Le mari

Nzhwīē
Wife
La femme, l'épouse

Mbə̄ə̄ lá nzhwīē à.
Hello, my wife.
Salut, ma femme.

Nzá lēē è ndū à.
Good morning, my husband.
Bonjour, mon mari.

Yáá mà lāhā ?
How are you ?
Comment ça va?

Yáá mànnák, ngǎ pén ō.
I am fine thank you.
Ça va bien merci.

Wò yò lá ō ?
How about you ?
Et toi ?

Ndū à
My husband
Mon mari

Nzhwīē à
My wife
Ma femme

Nzhìèkú' mànkō ā

I am hungry
J'ai faim

Nzhìèkú' mànkō ā.
I am hungry.
J'ai faim.

Ngǎ mànzā wúzā.
I am eating food.
Je mange de la nourriture.

Nzhìè nshǐ mànkō ā.
I am thirsty.
J'ai soif.

Ngǎ mànnū shì.
I am drinking water.
Je bois de l'eau.

Nzhìè làh nsíí mànkō ā.
I want to pee.
Je veux uriner.

Ngǎ mànsíí.
I am peeing.
J'urine.

Ngǎ mànní.
I am pooping.
Je fais les selles.

Nzhìè làh nní mànkō ā.
I want to poop.
Je veux faire les selles.

**Ngǎ víát,
ngǎ mànhwīēsī nā à.**
I am full, I am taking a nap.
Je suis rassasié, je prends une sieste.

Pō sǐ' mfí
ndūàntū bā

Yáá màndám.
It smells.
Ca sent.

Ǒ ghǔ ngǔ'nzā sꞟ'ꞟ ?

How old are you ?

Quel âge as-tu ?

Cwǎkhù

Ngǎ ghǔ ngǔ'nzā púá.
I am two years old.
J'ai deux ans.

Pǒm ngāp

Ngǎ ghǔ tâmngù'
(ngǔ'nzā nshù')
I am one year old.
J'ai un an.

Mvǔā

Ngǎ ghǔ ngǔ'nzā tî.
I am five years old.
J'ai cinq ans.

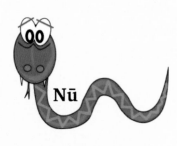

Nū

Ngǎ ghǔ ngǔ'nzā tāā.
I am three years old.
J'ai trois ans.

Nú ndōm wèn, à yīī ngwě'ngwè' nkhúá.

Ngǎ ghǔ
ngǔ'nzā sèèmbúá.
I am seven years old.
J'ai sept ans.

Nú mǐ
pǒm ngâp
fù.

Nū yì ǎ nsī zǔ'
shù' lá sǐ'
mmí wū bā.

Nū sǐ' mbā
sên wènòk
bā.

Yò túmfǎ' má ká ?

What is your profession ?

Quelle est ta profession ?

Nthí mǒꞌ kìkēn, wèn bā mbʉâ !

Ngǎ má mbû'nshì.
I am musician.
Je suis musicien.

Ngǎ má ntâm mbǒ'nshìè.
I am a basketball player.
Je suis un basketteur.

Ngǎ má nkôntā'.
I am lawyer.
Je suis avocat.

Ngǎ má ndə̄ə̀càk.
I am a chef.
Je suis cuisinier.

Ngǎ má ngà'mfǎ'sāhndó'.
I am a computer scientist.
Je suis un informaticien.

Ngǎ má nnâhnshì.
I am swimmer.
Je suis nageur.

Ngǎ má ngwâ'ghǎ'zū.
I am a garbage collector.
Je suis éboueur.

Ngǎ má ntâm mbǒ'nkhù.
I am a football player.
Je suis un footballeur.

Ngà'ŋwà'nì
Student
Élève/étudiant

Ngǎ má nsìèsì.
I am a teacher.
Je suis enseignant.

Ngǎ má ngà'ŋwà'nì.
I am student.
Je suis élève/étudiant.

Ngǎ má ngà'kà'.
I am medical doctor.
Je suis médecin.

Ngǎ má ndàhnìnì.
I am a photographer.
Je suis photographe.

Ngǎ **má** nkwâtpè'è.
I am a bricklayer.
Je suis maçon.

Ngǎ **má** nsìènkèn.
I am journalist.
Je suis journaliste.

Ngǎ **má** nsî'pè'è.
I am a house painter.
Je suis un peintre.

Ngǎ **má** ŋwâtlā'.
I am a police officer.
Je suis un policier.

Ngǎ **má** mfàkŋā'ntʉā.
I am a taxi driver.
Je suis un taximan.

Ngǎ **má** nkwâtū.
I am a hairdresser.
Je suis une coiffeuse.

Ngǎ **má** nkōòtū.
I am a barber.
Je suis un coiffeur.

Ngǎ **má** mbâ'tū.
I am a hairdresser.
Je suis une coiffeuse.

?

Yò túmfǎ' má ká ?

Ngǎ **má** nzû'nǜà.
I am a farmer.
Je suis cultivateur/agriculteur.

Ngǎ **má** ndù'mbìè.
I am a fisherman.
Je suis un pêcheur.

Ngǎ ghǔ ngǔ'nzā sū'ū ?

Ngǎ **má** nnâknǝ̀ǝ̀.
I am a breeder.
Je suis un éleveur.

Ǎ **má** njòhnshì.
She is a singer.
Elle est une chanteuse.

Yǒnshì

Ndàknkhʉ́á màndáknkhʉ̄ā
Ǎ sɔ̌ nkhʉ̄ā má twǐ'!

Yɔ̌nshì

Sɔ̀ twî' ! twī' ! (x2)

Mbɔ̄ɔ̄ tū ā yě shʉ̄à'fɔ̀ yòh

Mâwā làzí ā lā ē ē

Tìŋnìŋ Tǐŋnîŋnīŋ!

Fɔ̀ yòh sā' nkō ā ngwā' ē ē

Tìŋnìŋ Tǐŋnîŋnīŋ !

M̀ mbīē yà kòlɔ̌'

ngwâ' mvāt lā ē ē

Tìŋnìŋ Tǐŋnîŋnīŋ !

Ǹ dà bǎ mênfɔ̀

Mfhʉ̄ há híé' nkhʉ̀à ēē

Tìŋnìŋ Tǐŋnîŋnīŋ!

66

Ngòpnā ó ghŭ yă lèn ?

What is the color of your skin?

Quelle est la couleur de ta peau ?

Yàā lèn béè ?

What color is this ?
Quelle est cette couleur ?

Lèn fāhtām

Lèn sīsī

Yɔ̌nshì

Lèn fāhtām, ŏ mà hā ?
Mù béè, mù béé lè.
Lèn sīsī, ŏ mà hā ?
Mù béè, mù béé lè.
Lèn pǎ'pà', ŏ mà hā ?
Mù béè, mù béé lè.
Lèn yâ'hwīē, ŏ mà hā ?
Mù béè, mù béé lè.
Lèn nkǎtēnā, ŏ mà hā ?
Mù béè, mù béé lè.
Lěn pūh, ŏ mà hā ?
Mù béè, mù béé lè.
Lèn nkǎnkà̀è, ŏ mà hā ?
Mù béè, mù béé lè.
Lěn nâ'pēē, ŏ mà hā ?
Mù béè, mù béé lè.

Lèn pǎ'pà'

Lěn yâ'hwīē

Lèn nkǎnkà̀è

Lěn njwè'
Lěn nâ'pēē

Lèn nkɜ̌tēnā

Lěn pūh

Yàā lèn béè ?
What color is this ?
Quelle est cette couleur ?

Lěn cā'

Lěn mbɔ̌shꞟā

Lěn vúmōh

Ngòòndōm

Ngòòndóm ghꞟ lěn vúmōh.

The cat is grey.

Le chat a la couleur grise.

Nkēē

Nkéé ghꞟ lěn cā'.
The monkey is brown.
Le singe a la
couleur marron.

Ngꞟnɔ̀ɔ̀

Ngꞟnɔ̀ɔ́ ghꞟ lěn mbɔ̌shꞟā.
The pig is pink.
Le cochon a
la couleur rose.

Ngùàtōm lě ghꞟ yǎ lèn ?

What color
are these carrots?
De quelle couleur
sont ces carottes ?

69

Mbǎh mfʉ̀'nā

Body parts
Les parties du corps humain

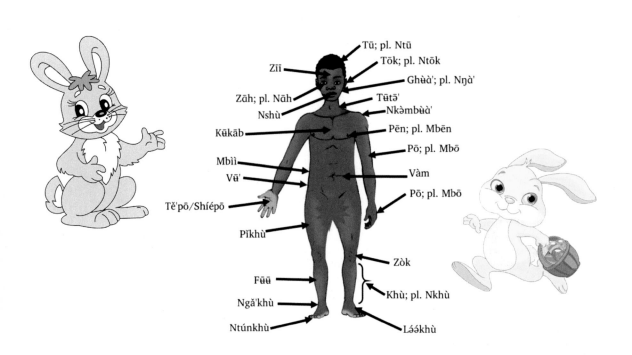

Zǐǐ

Tū; pl. Ntū

Tōk; pl. Ntōk

Ghʉ̀à'; pl. Nŋà'

Zāh; pl. Nāh

Tūtə̄'

Nshù

Nkə̀mbʉ̀à'

Kūkāb

Pēn; pl. Mbēn

Pō; pl. Mbō

Mbìì

Vū̄'

Vàm

Tě'pō/Shíépō

Pō; pl. Mbō

Pǐkhù

Zòk

Fūū

Khù; pl. Nkhù

Ngǎ'khù

Ntúnkhù

Lə́ə́khù

Mbăh mfử'nā
Body parts
Les parties du corps humain

Tū ā
My head
Ma tête

Zāh zǎh
My eye
Mon œil

Nāh mǎ
My eyes
Mes yeux

Nshù ā
My mouth
Ma bouche

Sè' zǎ
My tooth
Ma dent

Nsè'/nsә̀' mǎ
My teeth
Mes dents

Nzī mǎ
My nose
Mon nez

Tōk ā (Pl. Ntōk mǎ)
My ear
Mon oreille

Nkòò nà
My back
Mon dos

Móó ně' ná kǖkāb ì.
The baby is
lying on his chest.
L'enfant est couché
sur sa poitrine.

Lām ā/Lāp zǎ
My tongue
Ma langue

Nkàmbừà' à
My shoulder
Mon épaule

Pō ā. Nshừàpō ā
(Pl. Nshúábō mǎ)
My hand
Ma main

Pō ā
My arm
Mon bras

Tūpō ā
My finger
Mon doigt

Tèn ā
My buttocks/butts
Mes fesses

Nkàb. Nkǎb à
My Fingernail
Mon ongle

Vàm zǎ
My belly
Mon ventre

Nsènwěn
mànsén kūkūā nà.
The masseur is
massaging my nape.
Le masseur
masse ma nuque.

Mbǎh mfừ'nā
Body parts
Les parties du corps humain

Ngwàfừà sǐ' njīī zừ' bā.
A blind cannot see.
Un aveugle ne voit pas.

Mbùmbū' sǐ' ngɔ́ɔ́ nù bā.
A dumb cannot
speak/talk.
Un muet ne parle pas.

Mbǔ'ntōk sǐ' njū' nù bā.
A deaf cannot hear.
Un sourd n'entend pas.

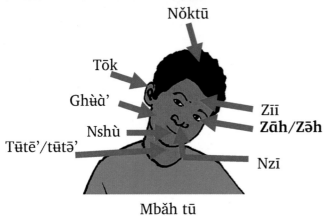

Nkǎàlà sǐ' nnák pí nkhù bā.
A disabled cannot walk.
Un handicapé ne marche pas.

Nǒktū

Tōk

Ghừà'

Nshù

Tūtē'/tūtə'

Zīī
Zāh/Zə̄h

Nzī

Mbǎh tū

Ghə̀ə̀màtū : Poème

Tū ā

Tū á mbā mà yáá těnmvàk tà'

Tú wèn tá pó ndáh ndén ī

Tú wěn nŋā'

Ntōk, nāh, nzī, nshù

Pó ndáh ntōk njū' nù

Māndáh nāh njīī zừ'

Ndáh nzī njéh

Ndáh nshù ngɔ́ɔ́ nù

Nkù'nǐ mbí tū ā, sì mvàk

Shck, Cǎmnà'

72

Ngǎ màngóó.

I am sick.

Je suis malade.

Ngǎ ghǔ ngǔ'nzā sū'ū ?

Tū á mànjā'.
Tū á mànkóm ā.
I have a headache.
J'ai de maux de tête.

Vàm zǎ mànjā'.
Vàm zǎ màndōm ā.
I have a stomachache.
J'ai mal au ventre.

Nāh mǎ mànjā'.
My eyes hurt.
J'ai mal aux yeux.

Nā á màndóm.
My body is hot.
Mon corps chauffe.

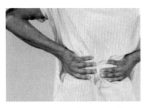

Vū' á mànjā'.
My hip hurts.
J'ai mal aux hanches.

Ghùà' zǎ núá.
My cheek got swollen.
Ma joue a gonflé.

Nkòò nǎ mànjóh.
My back is itchy.
Mon dos démange.

Ngǎ mànjéh kīkēē.
Ngǎ màmfōpsī.
I am choking.
J'étouffe.

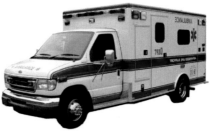

Ò ŋǎh làh ntōk tà' thū kīkēē, ngǎ' yāā bā mà yáá yá' shwìà shwītōk, ò lāh ngú ntōò pè' nō.

Ngǎ ghǔ māŋū.
I have a cold.
J'ai le rhume.

Ngǎ màncwēh.
I am coughing.

Ngǎ ghǔ māŋūyèh.
I have tuberculosis.
J'ai la tuberculose.

Ngǎ ghǔ kó'nā.
I have a fever.
J'ai de la fièvre.

Ngǎ ghǔ ghòōndì'ntō.
I have typhoid.
J'ai de la typhoïde.

Nthū á màmbénsí.
I have nausea.
J'ai de la nausée.

Ngǎ ghǔ sătnāh.
I feel dizzy.
J'ai des vertiges.

Ngǎ ghǔ mìntīē.
I have a sore throat.
J'ai de l'angine.

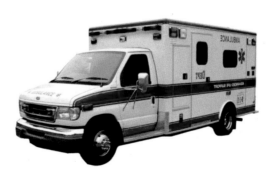

75

Māŋū fámyèh.
Coronavirus (COVID 19).
Coronavirus (COVID-19).

Ngǎ mànnū hù zǎ.
I am taking my medicine.
Je prends mes médicaments.

Hù lá màndhí.
The medicine is bitter.
Le médicament est amer.

Ǹ sǐ' nkwé' hù bā.
I don't like tablet.
Je n'aime pas les comprimés.

Tá', ngǎ ghǔ làh nnū.
But I must take it.
Mais je suis obligé de boire.

Ò mǎnkwé' làh njáhsí…
If you want to heal…
Si tu veux guérir…

Ò sǐ' nnū hù zǒ bā …
If you don't take your medicine …
Si tu ne prends pas tes médicaments…

Mà yáá má sìkwè'nkwé' má ó nū hù.
Then you must take your medicine.
Alors, tu dois prendre tes médicaments.

Mà ò sǐ' njáhsí bā.
You won't heal.
Tu ne guériras pas.

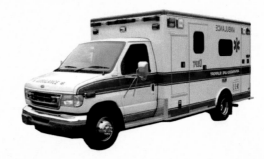

Tə́ə́thɨ́ mà hā ?

Where is the fruit ?

Où est le fruit ?

Ò khɨ́á kīkēē, mà ǒ nzɨ̄' kīkēē.

Tə́ə́thū

Pú'ŋwà'nì

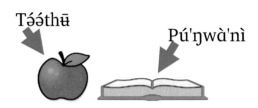

Tə́ə́thɨ́ ngǎk pú'ŋwà'nì.
The apple is **near** the book.
La pomme est **à côté** du livre.

Tə́ə́thɨ́ ndòm pú'ŋwà'nì.
The apple is **on** the book.
La pomme est **sur** le livre.

Tə́ə́thɨ́ těn pú'ŋwà'nì.
The apple is **under** the book.
La pomme est **sous** le livre.

Lǎ' mbhì pú'ŋwà'nì.
The pineapple is
in front of the book.
L'ananas est **devant** le livre.

Lǎ' njàm pú'ŋwà'nì.
The pineapple is
***behind** the book.*
L'ananas est
***derrière** le livre.*

Tə́ə́thɨ́ ntám tō'.
Tə́ə́thɨ́ / tě'/tɔ̌'/mɨ̌ tō'.
*The apple is **in** the box.*
La pomme est **dans** la boîte.

Lǎ' cìcàh mbú'ŋwà'nì.
The pineapple is in
***between** the books.*
L'ananas est **entre** les livres.

Ndhī

Clothes
Les vêtements

Túndhī
A T-shirt
Un T-shirt

Ndhîfōh
A Jacket
Un blouson

Nkùtì
A suit
Une veste

Kàbà/Nsʉ̀àndhī
Dress
Une robe

Ndhîdīē
Pajamas
Un Pyjama

Nsònkhù
Trousers
Un Pantalon

Kămsònkhù
Shorts
Un short

Ndhîtèn
Skirt
Une jupe

Kŏmbàk
Raincoat
Le manteau/
L'imperméable

Ntʉ̀ntɔ̌ ndī' mā **mbí'** mbú ò, mbā nshǐ làh **nsóh** nā **ngûnèɔ̀**.

Ndhîtū
Headscarf
Un foulard

Ndhîmbēn
Bra
Un soutien-gorge

Ndhîpō
Gloves
Des gants

Tǒtèn
Briefs/underwear
Un slip

Ncāt
Shoes
Des chaussures

Ncátmbèè
Sandals
Les sandales

Ncátmbàk
Boots
Les bottes

Nkhǔncāt
Laces
Les lacets

« Mùnzhwíé mmú'zhwìè, nzhìé là kō nzhìnzhìè »

81

Ká tá ǒ màngú ū ?
What are you doing ?
Qu'est-ce que tu fais ?

Māvǒ màncō' ndhí ná à.
My mother is undressing me.
Ma mère me déshabille.

Ngǎ mànsó ndhí ná à.
I am dressing up.
Je m'habille.

Ngǎ ghǔ
ngǔ'nzā
sū'ū ?

Ǒ māmbīā yēē, yāā sī tā mbhī.

82

Mbʉ̀ à píá zū
Clothing accessory
Les accessoires vestimentaires

Kɔ̀
Belt
La ceinture

Shɨ̀à'
Hat/cap
Un chapeau

Pɨ̀āpīìnsì
Wallet
Un porte-monnaie

Nàm
Watch
Une montre

Ndhîntē'
A scarf
Une écharpe

Ndhînkhù
Socks
Les chaussettes

Nkhɨ̆ntê'ndhī
Tie
Une cravate

Mbǎ'ndhī
Button
Un bouton

Sà'
Needle
Une aiguille

Wèn bǎ **nkwé'** làh **ntōk** ó sīē, ò lēn mbú í má ǒ má **nzhwìà** wū.

Mbʉ̀à píá zū

Pʉ̀à
Bag
Le sac

Pʉ̀āpō
Handbag
Le sac à main

Pʉ̀āŋwà'nì
Schoolbag
Le sac d'écolier

Pʉ̀ā pàànkòò
Backpack
Le sac à dos

Pʉ̀ātōm/Pʉ̀āndhī
A suitcase
Une valise

Kwā'/Kwá'pō
Bracelet
Le bracelet

Kwā'/Kwá' lɔ́ɔ́ndʉ̄ā
Wedding ring
La bague de mariage
(L'alliance)

Zúntōk
Earring
La boucle d'oreille

Zúntē'/zúntə̄'
Necklace
Le collier

Shwǐ'nāh
Glasses
Les lunettes

Náhsáhwū (10-100)
Numbers (10-100)
Les chiffres (10-100)

Náhsáhwū
Numbers
Les chiffres

10

Ghǎm
Ten
Dix

11

Ncɔ̀ nshù̀'
mà ghǎm
Eleven
Onze

12

Ncɔ̀ pʉ́á
mà ghǎm
Twelve
Douze

19

Ncɔ̀ vʉ̀'ʉ̄
mà ghǎm
Nineteen
Dix-neuf

13

Ncɔ̀ tāā
mà ghǎm
Thirteen
Treize

14

Ncɔ̀ kwà
mà ghǎm
Fourteen
Quatorze

15

Ncɔ̀ tî
mà ghǎm
Fifteen
Quinze

20

Mʉ̄mbʉ́á
Twenty
Vingt

16

Ncɔ̀ ntòhō
mà ghǎm
Sixteen
Seize

17

Ncɔ̀ sɜ̀ɜ̀mbʉ́á
mà ghǎm
Seventeen
Dix-sept

18

Ncɔ̀ hɜ̀ɜ̄
mà ghǎm
Eighteen
Dix-huit

20 **Mūmbúá**
Twenty
Vingt

30 **Mūntāā**
Thirty
Trente

50 **Mūntî**
Fifty
Cinquante

12 Ncɔ̀ púá
mà ghăm
Twelve
Douze

21 Ncɔ̀ nshʉ̀'
mà mūmbúá
Twenty-one
Vingt-et-un

13 Ncɔ̀ tāā
mà ghăm
Thirteen
Treize

31 Ncɔ̀ nshʉ̀'
mà mūntāā
Thirty-one
Trente-et-un

99 Ncɔ̀ vʉ̀'ʉ̄ mà
mūvʉ̀'ʉ̄
ninety-nine
Quatre-vingt-
dix-neuf

45 Ncɔ̀ tî
mà mūkwà
Forty-five
quarante-cinq

58 Ncɔ̀ hə̀ə̄
mà mūntî
Fifty-eight
Cinquante-et-
huit

60 **Mūntòhō**
Sixty
Soixante

79 Ncɔ̀ vʉ̀'ʉ̄
mà
mūsə̀ə̀mbúá
Seventy-nine
Soixante-dix-
neuf

100 **Nkhʉ̀**
One
hundred
Cent

Sìsǐ ntə̄' kāp
zǐ, pō ghōō
mī mfāt.

Nàm sū'ū béè ?
Yàā ndàh béè ?
What time is it ?
Quelle heure est-il ?

Nàm sū'ū́ béè ?
What time is it ?
Quelle heure est-il ?

Nàm púá mbhū
ncɔ̀ vù'ū̄ mà ghǎm béè.
It is 19 past 2 (2:19).
Il est 2 h 19 (2:19).

Njǎhnàm mà kàm béè.
It is half past 12 (12:30).
Il est midi 30 (12:30).

Nàm nshǔ' màmbōk
mbhū̄ tāā.
It is 3 minutes to 1.
Il est 1 h moins 3 min.

Nàm nshù' nkàndàk béè.
It is 1 o'clock (1:00).
Il est 1 h pile (1:00).

Yǒnshì

Yɔ̌nshì: Lěngwě' póá Túnkəə

Póá Túnkəə

Pah tēnthū̄ nhā nkù'nǐ ná lā' yǒh

Pah zhī má Mbōo lakwě' yōh ta

nshʉ́ásí

Nhā nkwee yoh mfʉ̌' ntám

Nhā zhínǔ mbí mfʉ yǒh

Lá' Túnkəə mʉ̄āmʉ̄ā zēn zǒ

Mbī'tūmá ndǎ' wò tá pǎh zhí yǒh

Lá' Túnkəə

Ǒ síé mbā kwa' yoh lā' ndéndēē

Mbī'tū má ndǎ' wo tá pǎh zhí yǒh

Lá' Túnkəə

Ǒ síé mbā túfie yǒh ndéndēē.

92

Mbèè

Home

La maison

Mbèè
Home
La maison

Pó ndīē **ntámndꞟꞟ.**
We sleep in the bedroom.
On dort dans la chambre.

Pó ndə̄ə̄ wúzá **ndꞟàlə̄ə̄.**
We cook in the kitchen.
On cuisine à la cuisine.

Pó mmóó **ndꞟàmòò.**
We hang out
in the living-room.
On passe du
bon temps au salon.

Pó nsóh ná ndꞟàsòh.
We take a bath
in the bathroom.
On se lave dans
la salle de bains.

Ndꞟàlə̄ə̄
Kitchen
La cuisine

Ndꞟàsòh
Bathroom
La salle de bains

Kwéndꞟā

Ndꞟàmòò
Living room
Le salon

Ntámndꞟā/Tô'ndꞟā
Bedroom
La chambre

Ngǎ ngén mà ndʉ̀ànì.
I am going to the toilet.
Je vais aux toilettes.

Pō sǐ' ngə́ə́ nǔ zǔ'zʉ̀' bā.
We don't talk in the bathroom.
On ne parle pas aux toilettes.

Ngǎ mà kwàà.
I am in the toilet.
Je suis aux toilettes.

Ncə̀ə̄ cwâhtèn.
Toilet paper.
Papier hygiénique.

Nthí mbʉ́á khʉ̄, yāā ghām.

Sá'ndᵾ̄ā
The broom
Le balai

Ǎ mànjóh zᵾ̀' pí sá'ndᵾ̄ā.
He is sweeping with the broom.
Il balaie à l'aide du balai.

Ǎ mànsóh sīèndᵾ̄ā.
She is washing the floor.
Elle lave le sol.

Pó njóh zᵾ̀' pí sá'ndᵾ̄ā.
We sweep with the broom.
On balaie avec le balai.

Pó nsóh sīèndᵾ̄ā pí ncwâhsīèndᵾ̄ā mbà sòh.
We mop the floor with the mop and soap.
On lave le sol à l'aide d'une serpillière et du savon.

Nthí mbᵾ́á khᵾ̄ mìmìè yāā ghām.

Zú ndʉ̄àlə̄ə̄

Kitchenware

Les ustensiles de cuisine

Pō há wúzá mbú ò, ò tāāsī má yáá màmbé', mà pó mbát nshwí' ō.

Zú ndʉàləə
Kitchenware
Les ustensiles de cuisine

Kā'
Bowl
L'assiette

Páákā'
Plate
Une assiette plate

Lū'
Spoon
La cuillère

Lû'nsɔ̀
Fork
La fourchette

Ngò'wū
Blender
Le mixeur

Ngò'wū
Grater
La râpe

Pīē
Knife
Le couteau

Ntúntū'
Mug
La tasse, le gobelet

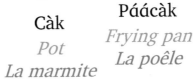

Càk
Pot
La marmite

Páácàk
Frying pan
La poêle

Nkǒ'cwēē/ páánshwī
Chopping board
Planche à découper

Ntū'
Bottle
La bouteille

Cōk
Funnel
L'entonnoir

Ncô'ntū'/ Ncô'ndù'
Bottle opener
L'ouvre-bouteille

Ngò' lòh
Stone
La pierre

Ntă'nìì
Fridge
Le réfrigérateur

Dǐ'kā'
Sieve
La passoire

Ǎ màncō' ndù'.
He is opening the drink.
Il ouvre la boisson.

Māvǒ mànsū'/nthʉ' njàá ntám zàk.

My mother is pounding vegetables in the mortar.

Ma mère pile les légumes dans le mortier.

Zàk pí nkwè'.

Mortar and pestle.

Le mortier et le pilon.

Māvǒ mànnā' njàā nshʉàsòm.

My mom is cooking Casava leaves.

Ma mère prépare des feuilles de manioc.

Wèn lǎh lòh ntām ō,
ò pīī ndáh nkwāt pè'è
nō.
www.resulam.com

Māvǒ mà hā ?

Where is mommy ?
Où est maman ?

Nthí **mbʉ́á**
sə̄ə̄ tà ndà',
ò **cōh**

Yōh pí māvǒ ndʉàlǝ̄ǝ.
I am in the kitchen with my mom.
Je suis à la cuisine avec ma mère.

Nkǒ'lǝ̄ǝ
Stove
La cuisinière

Mōh
Fire
Le feu

Nshwī
Wood
Le bois

Túfàt
Trash can/bin
La poubelle

Ghǎ'zú
Garbage
Les déchets, les ordures

Ǎ màngwā' ghǎ'zú túfàt.
He is throwing trash in the trash can.
Il jette les ordures à la poubelle.

Māvǒ màncwāā mbí' sīendʉā.
My mom is cleaning dirt on the floor.
Ma mère nettoie la saleté au sol.

Mfà'
Homework
Exercice

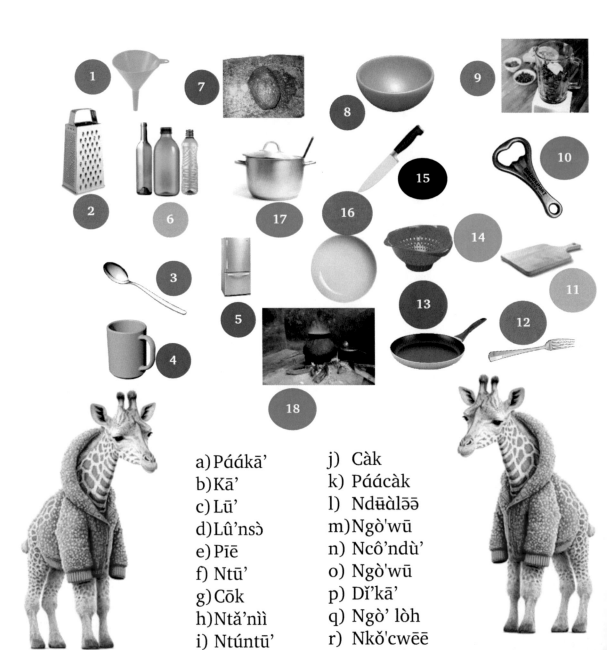

a) Páákā'
b) Kā'
c) Lū'
d) Lû'nsɔ̀
e) Pīē
f) Ntū'
g) Cōk
h) Ntǎ'nìì
i) Ntúntū'

j) Càk
k) Páácàk
l) Ndʉ̀àlə̄ə̄
m) Ngò'wū
n) Ncô'ndù'
o) Ngò'wū
p) Dǐ'kā'
q) Ngò' lòh
r) Nkǒ'cwēē

102

Zú ndʉ̄ā
Furniture
Les meubles

Pó nzáb mōō yə̄ə̄, ǎ là īmbōh nshʉ̀ʉ̀.

Mbèè
At home
A la maison

Làk
Chair
La chaise

Lăknè'/Sừàlàk
Sofa
Le canapé

Nzhìndꞟā
The door
La porte

Nzhìndꞟā pă'pà'.
A red door.
Une porte rouge.

Nzhìndꞟā ngꞟà
An opened door
Une porte ouverte

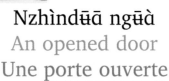

Nkò'
Table
La table

Mbhừfōh
Fan
Ventilateur

Mbhừfôhvừ
Air conditioner
Le climatiseur

Ntă'nìì
Fridge
Le réfrigérateur

Kòh/Kòhndꞟā
Keys
Les clés

Ndhîmbókndꞟā
Curtain
Le rideau

Mbù'
Cupboard
L'armoire

Kwéndǖā
Bed
Le lit

Mbù'ndhī
Closet/Wardrobe
Le placard/la penderie

Kò'
Stool
Le tabouret

Ǎ mànjīī mbǔ'nkěn-yīīsì.
He is watching TV.
Il regarde la télévision.

Nsâ'mbǔ'nkèn
Remote control
La télécommande

Ntōòtū
Pillow
L' oreiller

Ndūàsòh
Bathroom
la salle de bain

Ndūàsòh
Bathroom
La salle de bain

Tūásòh
Bathtub
La baignoire

Móó mànsóh nā.
The baby is taking his bath.
L'enfant se lave.

Pó mànsóh nā yàà.
They are taking their bath.
Ils se lavent.

Sòhnsè'
Toothpaste
Le dentifrice

Sòh
The soap
Le savon

Cwâhnā
Towel
La serviette

Ncèē cwâhtèn
Toilet paper
Le papier hygiénique

Nshù'nsè'
Toothbrush
La brosse à dents

Zú kāàsì
Means of Transportation
Les moyens de transport

Ndɨ̄'
Car
La voiture

Kwā'
Bike/Bicycle
La bicyclette, le vélo

Kwá'mōh
Motorbike/Scooter
La moto

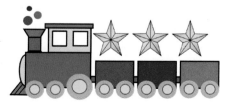

Mɨ̄āndɨ̄'
Truck/Lorry
Le camion

Ndɨ̂'fōh/Sâktēnā
Airplane
L'avion

Ŋā'ntɨ̄ā
Taxi
Le taxi

Sɨ̀àndɨ̄'
Bus
L'autobus

Ndɨ̂'nshì
Ship
Le bateau

Khɨ̆ ndɨ̄'
Wheel
La roue

Yŏkndɨ̄'
Train
Le train

Zúvùfī

New Technology
Nouvelles technologies

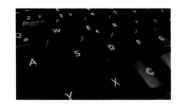

Sāhndó'
A computer
Un ordinateur

Nkǒ'tìè
Keyboard
Le clavier

Nkǒ'yīī/Nkǒ'yēē
Computer monitor
Un moniteur

Cwǎkhǔ sāhndó'
Computer mouse
Souris d'ordinateur

Nkhǔnkèn
A phone
Un téléphone

Nkhǔnkěnmbō/Lòlò
Smartphone
Téléphone intelligent (ordiphone)

Mēnsāhndó'
A tablet
Une tablette

Ndàhnzhì
A voice recorder
Un dictaphone

Ndàhnìnìì
A Camera
Une caméra

Microphone
Le microphone

A loudspeaker
Le haut-parleur

Nshwì'ntōk
Headphones
Les écouteurs

Speaker
Le baffle

Nshwì'nzhì

Nkèn
Email
Courriel

Ngɛ̄ɛ̀ndùàlà
Satellite
Le satellite

Kùkhʉ̄ānkèn
Internet
Internet

Mbù' kùkhʉ̄ānkèn
Email address
L'adresse électronique

Ntă'nkĕn sāhndó'
USB stick
La clé USB

Sìīmò (pl. Nsìīmò)
Social network
Réseau social

Ă mànjū' yŏnshì pí
nshwì'ntōk.
She is listening to music
with headphones.
Elle écoute de la musique à
l'aide des écouteurs.

Zǔ'ŋwà'nì
At school
À l'école

Ndūàŋwà'nì

Classroom
La salle de classe

Nsìèsǐ mànsíésí wú mbí ghǎ'ŋwà'nì.

The teacher is teaching students.

Le maître enseigne les élèves.

Ngǎ kwě' nsìèsì à.
I like my teacher.
J'aime mon maître.

Ǎ ghǔ mbè' nthū tà'.
He is so kind.
Il est très gentil.

Mbà mǔ mànkwé' làh mbā nsìèsì.
I also want to be a teacher.
Je voudrai aussi être enseignant.

Ǒ ncō' nsè' mǒ nhā mbí wèn, à nū nâ' pēē nhā péé mbú ò.

Zǔ'ŋwà'nì
At school
À l'école

Ngà'ŋwà'nì
Student
Élève/étudiant

Nsìèsì
Teacher
Enseignant

Ghǎ'ŋwà'nì
Students/pupils
Les élèves

Pú'ŋwà'nì
Book
Le livre

Pàāncèè
A sheet of paper
Une feuille

Pú'ncèè/Ncèētìè
Notebook
Le cahier

Ǎ màncēh pú'ŋwà'nì.
He is reading a book.
Il lit un livre.

ŋwà'nǐsīē
Bible
La bible

Nkwě'ŋwà'nì
A pen
Un stylo

Nkwě'nìnì
A pencil
Un crayon

Mbìè nkwě'nìnì.
A pencil sharpener
Un taille crayon

Zǔ'ŋwà'nì
At school
À l'école

Nkò'/Sīpàà
Blackboard
Le tableau

Mēnkò'
Slate board
L'ardoise

Mbūū
Chalk
La craie

Ncwâhnkò'
Board eraser
Effaceur de tableau

Ngà'ŋwà'nǐ mànzhī'sī wū.
The student is studying.
L'élève étudie.

Ngà'ŋwà'nǐ mànŋwá' wū.
The student is writing.
L'élève écrit.

Fóptìè/Có'nìnì
Eraser
La gomme

Nkwě'nshừà
Crayons
Crayon de couleur

Nsī'/nhānshừà
To color
Colorier

Sừà
Sports
Le sport

Mbǒ'nkhù
Soccer
Le football

Mbǒ'mbō
Handball
Le handball

Mbǒ'nshiè
Basketball
Le Basket-ball

Mbǒ'nkhừ
Volleyball
Le volley

Nkhǔndừā
Track/Race
La course

Mēntə́ə́fōh
Tennis
Le tennis

Nkwàà
Wrestling
La lutte

Nkhǔndừá kwā'
Bike race
La course à vélo

Tómbō
Boxing
La boxe

Pó màntừā'nkwàà
They are fighting.
Elles luttent.

Yǒnshì

Yǒnshì: Yǒnshǐ ngwě' Kàmèrûn mà ghə̀ə̄ fè'éfě'è

Hymne National camerounais en langue fè'éfě'è.

Ngwě' Kàmerûn ndɨ̄āntú pàmāngátnzhɨ̀'

Lò ntēn thɨ̄ ngén mà ghɨ̀à'sì sì pōh sə̀ə̄wū

Pá' záh nàm lá, lěngwè' zǒ thɨ́ māndá'sí

Lěn kèēngwè' lòmnshū' pénthɨ̄ mbát ngɨ́ nshùnshɨ̀'

Má nkwèè pōō mbō wǎ' làh mfhɨ̄ kè' ngén ndàk

Fhɨ̄ ntōmnàm pí mbīēnàm bā yàá nshùnshɨ̀'

Mbɨ́á làh mfá' mbú ó sīē mbā yòh nkwèè wū wǎ'

Mbɨ́á làh ncō' yòh mfà' nkwèè ntìè' wǎ'

Tènmvàk lā' yōh

Tènmvàk cā' yōh

Ǒ sīē mbā kwà' yòh mɨ̄ā wū ndéndēē

Nkwèè yòh cà'sì, pí nkwèè yòh vàh

Nkwèè nkwè'nǐ mbú ò mbát ngɨ́ mɨ̄ā nkù'nì.

Ká béè ?

What is this ?
Qu'est-ce
que c'est ?

Là' bá.

It is a pineapple.
C'est un ananas.

Wā béè ?

Who is this ?
Qui est-ce ?

Ngà'kà' bá.

It is a doctor.
C'est un médecin.

Nkwě'nǐ mbā
ndᵾ̄ᾱ mbà
mâvᵾ̀ tīē
mōō.

Nkwě'ŋwà'nì béè
This pen
Ce stylo

Nkwě'ŋwà'nì bàá
That pen (near you)
Ce stylo (à côté de toi)

Yāā béè (ngǎk à)
Here it is (near me)
Voici ça
(à côté de moi)

Yāā báá (ngǎk ò)
There it is (near you)
Voilà ça (à côté de toi)

Nkwě'ŋwà'nì bîì
That pen (over there)
Ce stylo (là-bas)

Yāā bîì
(*nthī sɨ̀sɨ̀á ná pàh*)
There it is
(far from us)
Voilà ça (loin de nous)

Yāā béè
Yāā báá
Yāā bîì

Yì béè
Yì bàá
Yì bîì

Mên à bá.
It is my daughter.
C'est ma fille.

Wā béè ?
Who is this ?
Qui est-ce ?

Wā báá ā ?
Who is that ?
Qui est-ce ?

Sên à bá.
It is my friend.
C'est mon ami.

Wā bîî ?
Who is that (over there)?
Qui est-ce (là-bas)?

Tà' ngà'ŋwà'nì bá.
It is a student.
C'est un élève.

Sēnā ā ?
When ?
Quand ?

Hā ?
Where ?
Où ?

Nǔká ?
Why ?
Pourquoi ?

Mbī'tū má
Because
Parce que

Sìyū'ntāh làyú' ngwě' pàmfhúpù̀.

Pō làzí ō sēnā ā ?

When were you born ?

Quand es-tu né ?

Pō làzí ó hā ?

Where were you born ?

Où es-tu né ?

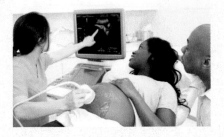

Nǔká vàm zǐ ghú' ú ?

Why is her belly big ?

Pourquoi a-t-elle

un gros ventre ?

Mbī'tū má móó ntām.

Because there is

a baby inside.

Parce qu'il y a

un enfant à l'intérieur.

Wèn yì ǎ
mméh tà' mfà'
lá bá ngà'mfà'.
Fà'á lá, ò tó'
wū lá, ò mêh!

Nsíé mānzhì

Show the way
Indiquer la route

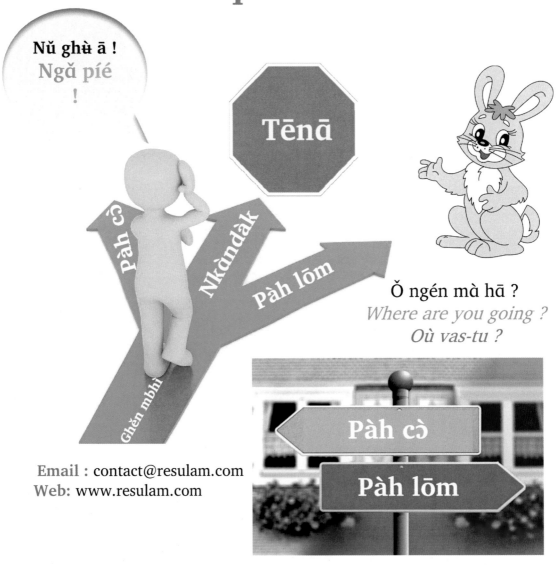

Nǔ ghừ ā !
Ngǎ píé !

Tēnā

Pàh cừ

Nkàndàk

Pàh lōm

Ghẻn mbhì

Ǒ ngén mà hā ?
Where are you going ?
Où vas-tu ?

Pàh cừ

Pàh lōm

Email : contact@resulam.com
Web: www.resulam.com

Zǎk ná pàh còh.
Turn left.
Tourne à gauche.

Ghěn nkàndàk.
Go straight.
Va tout droit.

Zǎk ná pàh lōm.
Turn right.
Tourne à droite.

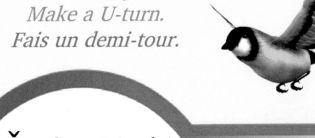

Lèn pǎ'pà'

Lěn njwè'

Lěn yâ'hwīē

Pǎtnjàm
Go back
Rentre en arrière

Zàk mbátnjàm.
Make a U-turn.
Fais un demi-tour.

Ǒ sì cō' tà'
nzhìndꞟā mà
ò kà' kú'sí
làh nzhꞟā'
bā.

Ǒ sì zák ná pàh còh.
Do not turn left.
Ne tourne pas à gauche.

Ǒ sì zák ná pàh lōm.
Do not turn right.
Ne tourne pas à droite.

Ǒ sì ghén nkàndàk.
Do not go straight.
Ne va pas tout droit.

Ǒ sì zák mbátnjàm.
No U-turn.
Pas de demi-tour.

Làh **nsí'** mbēn tà' **hèè** bá sì' mò'.

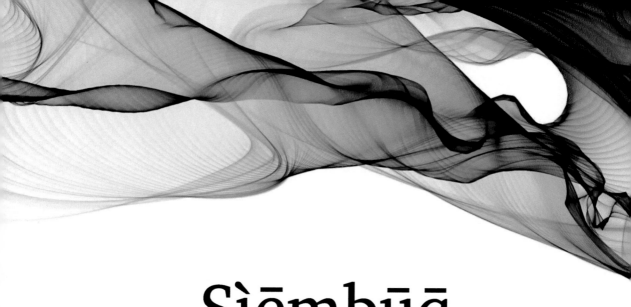

Sìēmbʉ̄ā

Grammar

Grammaire

Ò zhí mbíághə̀ə̀
mbà lāhā lā,
nsí' nzhī nzhǐntē' pí sìēmbʉ̄ā
bā, mà ǒ ngə́ə́ ghə̀ə̄lā' pá'
Nkwà' lá !
Shck Cǎmnà'

Ká tá ǒ **mà**ngʉ́ ʉ̄ ?
Ká tá ǒ ghʉ̀ ʉ̀ ?
Ká tá ǒ ìngʉ́ ʉ̄ ?
Ká tá ò **ká**ghʉ̀ ʉ̀ ?
Ká tá ò kàghʉ̀ ʉ̀ ?

Ntìē'tōh		Zě'è		Ntìē'sà'

Wāhà	Ntìē'mò'	Ntìé'è lè	Mêndà'	Wāhà
Yesterday	*A while ago*	**Now**	*In a while*	*Tomorrow*
Hier	*Il y a un moment*	**Maintenant**	*Dans un moment*	*Demain*

Ká tá ò **kà**gh**ù ù** ?
*What **did** you do ?*
Qu'as-tu fais (hier) ?

Ká tá ŏ ghù ù ?
What have you done ?
Qu'as-tu fais ?

Ká tá ŏ **mà**ngú **ū** ?
What are you doing ?
Que fais-tu ?

Ká tá ŏ **ì**ngú **ū** ?
Ká tá ò **ká**ghù **ù** ?
*What **will** you do ?*
Que feras-tu ?

Ǹ **kà**zá wúzā.
I ate (yesterday).
J'ai mangé (hier).

Ngǎ **zá** wúzā.
I ate.
J'ai mangé.

Ngǎ **mà**nzā wúzā.
I am eating.
*Je suis **en train de** manger.*

Ngǎ **ì**nzā wúzā.
Ǹ **ká**zā wúzā.
I will eat.
*Je manger**ai**.*

Ò tén nshūà zàmà mā ntē'kəə̄.

126

Mfà' : Homework: Exercice

1. Ká tá ŏ **màn**gʉ ntìé'è ?
2. Ká tá ŏ ghʉ̆ ntìē'mò' ?
3. Ká tá ŏ fhʉ̄ngʉ́ fáhnzā ?
4. Ká tá ŏ ìngʉ́ ntìē'mò' ?
5. Ká tá ò **ká**ghʉ̀ wāhà ?
6. Ká tá ò **kà**ghʉ̆ wāhà ?

Nŭlá'
pàwèn, yáá
là pāh ī.

127

Ghʉ ndìàndìà

Daily routine

Routine quotidienne

Ká tá ǒ ngʉ́ nkwèè līē' ē ?

What do you do everyday ?
Que fais-tu chaque jour?

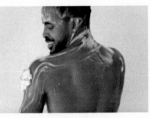

Njómá/Njɔ́bá.
Ngǎ yòmà.
Wake up. I woke up.
Se réveiller.
Je me suis réveillée.

Ndósīē. Ngǎ lǒsīē.
Get up. I got up.
Se lever.
Je me suis levée.

Māvǒ lǒsīē.
Get up mommy.
Maman lève-toi.

Lōh yǎt záh à.
I am still sleepy.
J'ai encore
sommeil.

Nshú' nsè'.
Ngǎ mànshú' nsè' mǎ.
Brush teeth.
I am brushing
my teeth.
Se brosser les dents.
Je brosse mes dents.

Nsóhnā.
Ngǎ mànsóhnā à.
To take a shower.
I am taking
a shower.
Se laver.
Je me lave.

Nsát tū.
Ngǎ mànsát tū ā.
To comb hair.
I am combing my hair.
Se peigner les cheveux.
Je peigne mes cheveux.

Ngǎ mànníáá
kwéndūā ā.
I am making
my bed.
Je fais/dresse
mon lit.

Nnàk ndà'ndà' là' dīē mânzhì.

Ngǎ màncwáántīē.
I am having breakfast.
Je prends le petit déjeuner.

Ngǎ mànsó ndhí ná à.
I am getting dressed.
Je m'habille.

Ngǎ mànsíí.
I am peeing.
J'urine.

Ngǎ mànní.
I am pooping.
Je fais les selles.

Ngǎ màngén mà ŋwà'nì.
I am going to school.
Je vais à l'école.

Ngǎ màmfá' mfǎ' ŋwà'nì.
I am doing my homework.
Je fais mes devoirs d'école.

Mfǎ' ŋwà'nǐ màngá'.
My homework is difficult.
Mes devoirs sont difficiles.

Yáá yàhlēē.
It is easy.
C'est facile.

Ngǎ mànjīī mbǔ'nkěn-yēēsì.
I am watching TV.
Je regarde la télé.

Ngǎ mànzā
wúzá mbūànzā.
I am having dinner.
Je prends le dîner.

Dīē pə̀pē'.
Good night.
Bonne nuit.

Ngǎ màndīē.
I am sleeping.
Je suis en train de
dormir.

Ncēh.
Ngǎ màncēh pú'ŋwà'nì.
I am reading a book.
Je lis un livre.

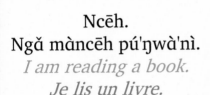

Ngǎ màntɨ́á' pí mbā' ō.
I am playing with my dad.
Je joue avec mon père.

Ngǎ màndí'sí mbā' ō.
I am saying goodbye to my dad.
Je dis au revoir à mon père.

Ngǎ màntā'sī mbā' ō ndāmà.
I am hugging my granddad.
J'embrasse mon grand-père.

Ôhó! Tà mêndà'.
Goodbye. see you soon.
Au revoir, à bientôt.

Ghə̀ə̄ làh ngɨ́ wū

Action Verbs

Verbes d'action

Ká tá á màngɨ́ ɨ̄ ?

What is he/she doing ?

Elle fait quoi ? Que fait-il ?

Pó **mānsóh** nā wèn, à **mānzī'sī** vàm zǐ.

Ă mànjóhnshì.
She is singing.
Elle chante.

Nnák. Nkāāsī.
Walk. Go for a walk.
Marcher. Se balader.

Ngă màndāt. Ngă lát.
I am jumping. I jumped.
Je saute. J'ai sauté.

Ngă màncwēē ncὲὲ.
I am cutting a sheet.
Je coupe une feuille.

Ngă mànsóh mbō mǎ pí sòh.
I am washing
my hands with soap.
Je lave mes mains
avec du savon.

Ngă mànsóh
nkā' pí māvǒ.
I am washing
dishes with my mom.
Je lave les assiettes
avec ma mère.

Ngă mànzā wúzā.
I am eating.
Je mange.

Pó mànshīī mōō.
The child is being fed.
On nourrit l'enfant.

Nshǐnā

Emotions and feelings
Emotions et sentiments

Nkwè'nì. Ngǎ kwè' ō.
Love. I love you.
Amour. Je t'aime.

Ǎ mànjā'nthū̄.
She is angry.
Elle est fâchée.

Ǎ màmbōh.
He is afraid,
he is scared.
Il a peur.

Shǔ̀ánù bá !
It's amazing !
C'est formidable!

Pó mànzhwíé
<u>mbī'tū má</u> **pó màncá'sí.**
They are laughing
<u>because</u> *they are happy.*
Ils rient
<u>parce qu'</u>*ils sont contents.*

Móó màngé'
<u>mbī'tū má</u> **á**
mànjā'nthū̄.
The child is crying
<u>because</u> *he is angry.*
L'enfant pleure
<u>parce qu'</u>*il est fâché.*

Ǎ màmmwēn
<u>mbī'tū má</u> **ǎ màncə̄ə̄.**
She is sad
<u>because</u> *she is regretting.*
Elle est triste
<u>parce qu'</u>*elle regrette.*

Pó nzī wèn, tá à zī nā ì.

Ngă hèè, túfhǔ mànkō ā.
I mistook, I am ashamed.
J'ai fait l'erreur, j'ai honte.

Ngă púá.
I am tired.
Je suis fatigué.

Ngă màngátsí nā à.
Nthí nzá mànsáh lā.
I am bored.
Je m'ennuie.

Ǒ sì cə̄ə̄ bā yáá ìntōh.
Don't worry, it will be OK.
Ne t'inquiète pas, ça ira.

Nkwá'sí.
Ngă mànkwá'sí.
To think.
I am thinking.
Penser, réfléchir.
Je réfléchis.

Làhsì à lá cīcō'ò.
Please forgive me.
Pardonne-moi
s'il te plait.

Ngă làhsì ō.
I forgive you.
Je te pardonne.

Ò lí' kwēn ntám tà' pè' mà yáá tāk, ò tāk tū ō tā ncō.

136

Nshʉ̀ànzā

Weather

La météo

pó **nzáb** mvʉ̄ā, ǎ là **má'sí** nkwèn ī.

Ntìé'è
Now
Maintenant

Fáhnzā
In the morning
Le matin

Mbūànzā
In the evening
Le soir

Thū'/Sū'
In the night
La nuit

Mbăk màndō.
It is raining.
Il pleut.

Hă'mbăk màmvīāt má tálàlàlàlàt! Tûm !
The thunder is rumbling.
Le tonnerre gronde.

Nàm. Năm màntūā.
Sun. The sun is shining.
Le soleil. Il fait soleil.

Māŋū
The moon
La lune

Vhúmbàk
Snow
La neige

Ndùàlà
Clouds
Les nuages

Ngámnū
Rainbow
L'arc-en-ciel

Fùfùá mànshɨ́'.
The wind is blowing.
Le vent souffle.

Pàksì
Umbrella
Le parapluie

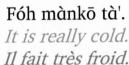

Fóh mànkō tà'.
It is really cold.
Il fait très froid.

Fùfùá mànnám nthū.
The wind is bending trees.
Le vent ploie les arbres.

Zǔ' màndóm.
It is hot.
Il fait chaud.

Ngǎ mànsāk.
I am shivering.
Je grelotte.

Nzhĭnzhĭ mbíághə̀ə̀

Miscellaneous Vocabulary
Vocabulaires variés

Mâvŭ mfí, pō zāb mvŭ̄ā.

Ŋh, yáá pè'.
Yes, it's good.
Oui, c'est bon.

Ngă', yáá pāh.
No, it is bad.
Non, c'est mauvais.

Má ká lí ?
What ?
Quoi ?

Mbé'ntìè'/Mó'ntìè'
Maybe
Peut-être

Fà'á bá !
Great !
Super !

Fà'á á ?
Ndéndēē é ?
Really ?
Ah bon ?

Ǹ kà' zhī ză.
I don't know.
Je ne sais pas.

Ǎ sí ná làk.
She sat on the chair.
Elle s'est assise sur la chaise.

Ǎ màngǝ́ǝ́ nù.
She is speaking.
Elle parle.

Mfà'
Homework
Exercice

Māvǒ yá' ___
My mother already woke up
Ma mère s'est déjà réveillée

___ mànsámndūū.
Kids are swinging.
Les enfants se balancent.

a) Zúncā'
b) Ă màngé'
c) Ă mànsát tū ī
d) Nkwá'sí
e) Ntúá', ngú sùà
f) Yáá pāh
g) Ngǎ mànsóh mbō mǎ
h) Pūnkhúá
i) Yòmà
j) Nàm
k) Pó màncá'sí
l) Ngǎ màmbōh
m) Nzhwíé
n) N kà' zhī zǎ
o) Cīcō'ò, làhsì à lá

___
Beads necklace
Collier en perles

Ntʉ́ángwè'

Culture

La culture

Fù/Fə
The king
Le roi

Mâfù/Mâfə
The queen
La reine

Mênfù/Mênfə
The princess
La princesse

Mbām
Cowries
Les cauris

Nò'
The Royal Palace
Le Palais Royal

Kǒ'fù/Kǒ'fə
The throne
Le trône

Túpù'
A mask
Un masque

Tōtō
A statuette
Une statuette

Tāk/Mākwā'
Feather crown
Couronne de plumes

Mbónzā'
Royal bracelet
Le bracelet royal

Ntóhsì/Kǎmzū
Royal necklace
Le collier royal

Sá'lāk
Horse tail
La queue
de cheval

Zǔ'sīē
Worship place
Lieu de culte

Kû'ngà'/Nnìàngwè'
Protector's dance
La dance des protecteur

Pàmángátnzhừ'
Ancestors
Les ancêtres

Shừā'nkām
Noble's hat
Le chapeau des notables

Ndhîndɔ̀
Ndop Fabric
Tissu Ndop

Ndǔndām
*African Jujube
(Peace seeds)
Le jujube africain
(grains de paix)*

Fìènkàk
*Peace tree
Arbre de paix*

**Pǎ'mvāt/
Mvát tūū**
*Palm oil
Huile de
palme*

Cǔcò'
*Tchutcho'
Tchutcho'*

Pìh
*Kola
La cola*

Ngāp
*Hen
La poule*

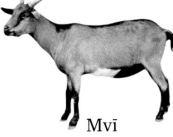

Mvī
*Goat
La chèvre*

Ngə̄ə̄
*Tarantula
La mygale, la tarentule*

Zúzá lā'
Traditional food
Les repas traditionnels

Nkùà
Nkui soup
La sauce nkui

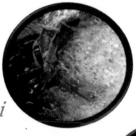

Pēē
Achu
Le taro

Nsā'
Corn
couscous
Couscous
de maïs

Kū'
Yam
L'igname

Màkàlànkwēn
Koki dough
Les beignets
koki

Tàbsí làt/tòk
Banana stew
Banane malaxée

Lùà'
Sweet yams
Igname

Njàà
Spinach
Les légumes

Ghǒ'ngòòmbōk
Kwăkùkū
Macabo râpé

Kwèlě'mbàà
Plantain stew
Plantain malaxé

Khùkhūā
Koki
Le koki

Mbă'nkhᵾᾱ
Raphia fruit
*Le fruit de
raphia*

Ndǔ'nkhᵾᾱ
Raphia wine
*Le vin de
raphia*

Nkhᵾᾱ
Raphia
Le raphia

Yŏnshì
Ká bá nhā Mbūānì ?
Mbᵾᾱ,
Ndừndām,
Fìènkàk pí Títìānì,
Yāā bá nhā Mbūānì.

Mbíínkhᵾᾱ
Raphia larva
Les larves de raphia

Mbūᾱ   Ndừndām   Fìènkàk   Títìānì

Wèn là'
tōm mbừà
Ꞑsə̄ə̄ Ꞑzā.

Zú làh mbū' nshì
Musical instruments
les instruments de musique

Shìà/ shìshìà/lōk
Guitar
La guitare

Mbû'lōk
An instrumentalist
Un instrumentiste

Njā'
Xylophone
Le balafon

Ndū'
Royal drum
Le tamtam royal

Nkàh
Fat drum
Le gros tamtam

Fà'
Long drum
Le long tamtam

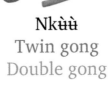

Nkừừ
Twin gong
Double gong

Njìì
Feet rattles
Les crécelles de pieds

Lōk
Harp
La harpe

Sɥ́'lōk
Banjo
Le Banjo

Lōk/Shìshìà
Mvet
Le Mvet

Lòlò
Flute
La flute

Ntà'
Trumpet
La trompette

Shɥ̀shɥ̄'
Rattles
Les crécelles

Mbàlàà
Kalimba
Le Kalimba

Pó màmbū' tōō.
They are drumming.
Elles tapent le tamtam.

Mēn à, yū' lè !
Ghə̀ə̄ wèn bá ngʉ́ ī !

Ǒ ìndā' mbā
Nə̀ə̀wàànkhʉ̀ !

Zhī'sī ghə̀ə̀ zǒ,
mbā yǒ wènòk !

Ò sī' nzhī ghə̀ə̀ zǒ bā,
mà pó mfén ō pù' !

Shck Cǎmnà'

151

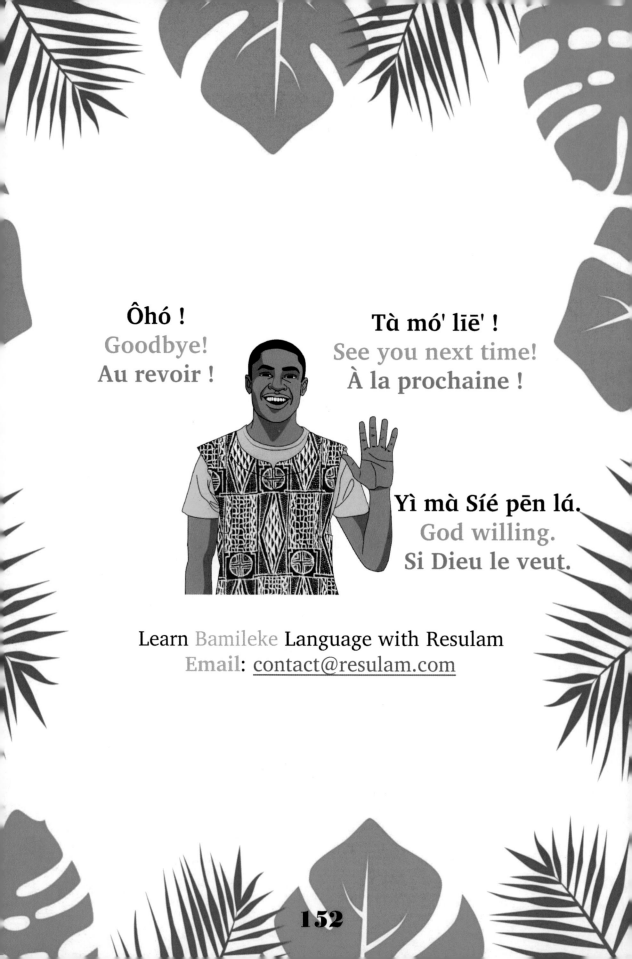

Ôhó !
Goodbye!
Au revoir !

Tà mó' līē' !
See you next time!
À la prochaine !

Yì mà Síé pēn lá.
God willing.
Si Dieu le veut.

Learn Bamileke Language with Resulam
Email: contact@resulam.com

Remerciements

Ngǎ màmbēn: Je remercie:

- Mon père, Táànǐ Zhìāndə̀ə̀ (Djiadeu) qui m'a forgé tant sur le plan éducationnel que sur le plan des stratégies de vie

- Mon mbǎ'ntām a, Ntòònjò' à, hǔ vàh zǎ, nzhwīē à, sans qui aucune de ces œuvres n'auraient pu naître. Femme stable, homme capable.

- Pōō mbǎ Shwīnāò pí Hāàpìì pour la révision de la partie anglaise de ce livre